I, K: 7 1464

PÉTITION

ADRESSÉE PAR

LE MAIRE DE BRUXELLES;

AU TRIBUNAT

DE LA

RÉPUBLIQUE FRANÇAISE.

A BRUXELLES,

Chez F. Hayez, Imprimeur des Tribunaux, Place de la Liberté.

AN X.

Bruxelles, le 25 Frimaire an 10 de la République française, une et indivisible.

LE MAIRE DE LA VILLE DE BRUXELLES,

AUX CITOYENS

PRÉSIDENT ET MEMBRES DU TRIBUNAT.

———

L'ART. 83 de l'acte constitutionnel porte : » Toute
» personne a le droit d'adresser des pétitions indivi-
» duelles à toute Autorité constituée, et *spécialement*
» *au Tribunat.* »

Le Peuple Français, en consacrant ce principe, a voulu garantir à chaque citoyen le droit de réclamation : Il a imposé en même-temps à toutes les Autorités qu'il reconnaît, l'obligation formelle d'accueillir les plaintes des particuliers.

A l'appui de cette disposition sacrée et fort de l'intérêt que doit inspirer ma cause, je m'adresse à vous, citoyens TRIBUNS, pour réclamer en faveur de mes concitoyens l'intégrité du plus beau de tous nos droits, de la *liberté individuelle*.

VOICI LE FAIT:

Depuis long-temps le Gouvernement fit exécuter dans les départemens de la ci-devant Belgique différentes mesures pour empêcher la sortie des grains et sur-tout l'introduction des marchandises prohibées par la loi du 10 Brumaire. Ces mesures, quoique fortes et sévères, furent généralement applaudies, parce qu'elles étaient conformes à la loi, à l'intérêt national et à la saine politique; elles ne pouvaient d'ailleurs être blâmées, que par ce petit nombre d'égoïstes pour lesquels la patrie n'est rien et dont la cupidité ne connaît pas de bornes.

Telle était la situation des choses jusqu'au commencement de Brumaire dernier, lorsque le commerce fut alarmé par des mesures arbitraires et illégales, dont l'emploi parut d'autant plus extraordinaire, qu'on n'eut jamais eu recours à de pareils moyens, ni sous l'ancien régime, ni sous la domination du Directoire exécutif.

Un ordre du Ministre de la Police générale, adressé au Préfet de ce département le 2 Brumaire dernier, enjoignit à celui-ci de faire arrêter et conduire au château de Ham, département de la Somme, les citoyens GOFFIN et AERTS, tous deux négocians de Bruxelles, *prévenus*, est-il dit, en cet ordre, *d'introduction et d'exportation de marchandises prohibées.*

GOFFIN ne put d'abord être arrêté, parce que son nom était mal exprimé, ayant été indiqué par le Ministre sous la dénomination de GOSSIN.

Mais AERTS fut arrêté le 11; ses papiers furent saisis au même instant et visités le 12. L'examen qu'on en fit n'a fourni aucun indice contre lui; cependant sa translation au château de Ham, fut ordonnée par l'acte ci-joint en copie sous N°. 1. Comme néanmoins *ni cet acte, ni l'ordre du Ministre ne furent motivés sur aucune loi*, et que lui AERTS fut réclamé en exécution des articles 583 et 584 du code des délits et des peines, j'ai prononcé le 14 sa' mise en liberté par l'arrêté, dont expédition est annexée à la présente sous N°. 2; ladite mise en liberté fut motivée sur les articles 77 et 81, de l'acte constitutionnel et sur les articles 584 et 644 N°. 6, du code des délits et des peines.

Comme cette affaire resta long-temps sans aucune suite, je me flattais que le Ministre ayant reconnu les inconvéniens de la mesure projettée, y eût renoncé; mais quelle fut m'a surprise et l'indignation du public, lorsque le 21 du présent mois, on fit une nouvelle visite au domicile du citoyen GOFFIN, à l'effet de s'assurer de sa personne, pour le transférer au château de Ham, en vertu d'une décision du Ministre du 17 courant (voyez la pièce jointe sous N°. 3), pendant qu'en même-temps on renouvella les ordres donnés pour la recherche et l'arrestation de AERTS. . . . .

Peut-on violer plus ouvertement les lois et la Constitution! En effet l'article 77 de la charte constitutionnelle porte en termes exprès, *que pour que l'acte qui ordonne l'arrestation d'une personne puisse être exécuté, il faut qu'il exprime formellement le motif de l'arrestation et la loi en vertu de laquelle elle est ordonnée;* l'article 81 du même pacte déclare *coupables de détention arbitraire ceux, qui, même dans le cas d'arrestation légale, retiendront la personne arrêtée dans un lieu de détention non publiquement et légalement désigné comme tel;* les articles 634, 635, et 637, ainsi que les N°. 5 et 6, de l'article 644 du code des délits et des peines ne sont pas moins précis sur cet objet : l'un de ces articles prononce des peines très-graves contre les fonctionnaires publics, les Ministres, etc. qui *donneraient, signeraient* ou *exécuteraient l'ordre d'arrêter une personne vivant sous l'empire et la protection des lois Françaises, sans y être dûment qualifiés* ou *dans les cas non prévus par la loi.* Ces mêmes peines sont comminées contre ceux, qui dans le cas d'arrestation légale, détiendraient *la personne arrêtée ailleurs que dans les maisons d'arrêt, de justice ou de détention*. . . . Malheur au pays où des dispositions aussi formelles, aussi sacrées sont impunément foulées aux pieds !

Je ne prétends pas, citoyens Tribuns, justifier ici ni Goffin, ni Aerts, quoique j'ose presque répondre de l'innocence du premier. Mais s'il existe contre eux des préventions ou des preuves de culpabilité, pourquoi ne les traduit-on pas devant les Tribunaux compétens à l'effet d'y être accusés, entendus et jugés selon toute la sévérité des lois ? Et qu'est-ce qui peut autoriser le Ministre à les arracher à leurs foyers, à leur famille éplorée, à leurs juges constitutionnels pour être traînés, sans aucune forme de procès ni de jugement, dans une prison que la loi désavoue ? Peut-on dans un État policé, sur-tout dans un pays libre, se voir exposé à être puni autrement, que dans les cas prévus par la loi et selon les formes qu'elle a prescrites.

Tribuns ! la méchanceté d'un vil dénonciateur ou l'erreur d'un Ministre trompé, pourront-elles de nouveau disposer arbitrairement de la liberté et des propriétés des citoyens ? Le Peuple Français célébrera-t-il le 14

Juillet, pendant qu'on rétablit la Bastille au château de Ham ?

Ne vous y trompez pas, Citoyens, il ne s'agit point ici de deux personnes prévenues d'avoir favorisé l'entrée de marchandises Anglaises, ou l'exportation de quelques productions indigènes dont la sortie est prohibée. *Il s'agit de la liberté et de la sûreté de tous les Français :* l'arbitraire, quand il ne rencontre point d'obstacle, marche à pas de géant ; après avoir lacéré le Pacte Social dans un endroit, il le déchire bientôt par-tout et ne connaît d'autre frein que son ambition et ses caprices. Ainsi le château de Ham, renfermera bientôt, si l'on n'y prend garde, une foule de citoyens victimes de l'envie, de l'erreur ou de la méchanceté.

Que deviendra alors la splendeur de ce Gouvernement qui s'est concilié l'amour du Peuple par tant de bienfaits ! Citoyens Tribuns, une carrière glorieuse s'ouvre devant vous : faites connaître ces abus à l'homme incomparable qui préside aux destinées de l'Europe ; représentez-lui, que ce ne sont que ses ennemis, les ennemis de l'état ou du Ministre, qui aient pu provoquer les mesures arbitraires contre lesquelles s'élève la voix de l'indignation publique. Je ne doute point du succès de votre démarche : j'en suis tellement persuadé, que j'eusse été jaloux d'adresser ma réclamation directement au Magistrat chéri de la France, si j'avais connu un moyen sûr de la lui faire parvenir ; mais l'ordre établi pour les demandes adressées aux Consuls et le renvoi de ces demandes aux Ministres respectifs, m'ont forcé de renoncer à ce desir.

En vous transmettant ce mémoire, citoyens Tribuns, je n'ai eu d'autre but que de faire cesser le mal; je ne veux donc point invoquer les articles 72 et 73 de l'acte constitutionnel; je vous invite seulement à émettre, en conformité de l'art. 29, un vœu pour la répression des abus que je vous ai signalés, bien convaincu qu'ils disparaîtront aussitôt qu'ils seront connus par le Gouvernement.

Salut et profond respect,

Rouppe.

(7)

Pièces rappellées dans la pétition qui précède.

PRÉFECTURE
du
Département
de la
DYLE.

N°. I.er

Bruxelles, le 13 Brumaire an 10 de la République française.

LE PRÉFET,

En vertu de l'ordre du Ministre de la Police générale, de faire arrêter et conduire au château de Ham, département de la Somme, le citoyen AERTS, domicilié à Bruxelles, prévenu de se livrer à l'introduction et exportation des marchandises prohibées,

Ordonne au Commandant de la Gendarmerie Nationale à Bruxelles, de faire conduire ledit citoyen AERTS sous bonne et sûre garde au château susdit et de justifier à lui Préfet du départ dudit prévenu au 15 de ce mois au plus tard, et de la remise qui en aura été faite aux autorités compétentes.

Signé DOULCET.

Pour copie conforme,

Le Maire de Bruxelles,

ROUPPE.

Nº. II.

Le Maire de Bruxelles,

Vu la déclaration faite au greffe de son administration, en exécution de l'art. 583 du Code des délits et des peines par le citoyen Verhaegen, homme de loi, ladite déclaration portant : Que la personne de Pierre-Martin Aerts, négociant de cette ville, se trouve illégalement détenu au dépôt de l'Amigo, en vertu d'un ordre du Ministre de la Police générale, du 8 Brumaire présent mois,

Vu le réquisitoire du prédit citoyen Verhaegen, tendant à ce qu'en exécution de l'art. 584 du même Code, il soit procédé à l'examen et mise en liberté du prénommé Aerts,

Vu l'ordre du Ministre de la Police générale, transmis au commandant de la gendarmerie Nationale, et notifié au citoyen Aerts, portant injonction au premier de faire saisir et conduire le dernier au château de Ham, département de la Somme, comme prévenu de s'être livré à l'introduction et l'exportation de marchandises prohibées.

Ouï ledit Aerts dans ses dire et déclarations;

Considérant que l'ordre du Ministre de la Police générale n'est motivé sur aucune loi.

Que l'art. 77 de la Constitution, porte en termes exprès, qu'aucun acte d'arrestation ne peut être exécuté, à moins qu'il n'exprime formellement les motifs d'arrestation et la loi en vertu de laquelle elle est ordonnée;

Considérant que par les art. 81 du même pacte et 644, n°. 6 du Code des délits et des peines, défenses sont faites à toute autorité de détenir, même dans le cas d'arrestation légale, une personne vivant sous l'Empire et la protection des lois Françaises, ailleurs que dans les maisons *d'arrêt*, de *justice* et *de détention*;

Considérant enfin, que personne ne peut être poursuivi, jugé, ni puni que dans les cas prévus par la loi et selon les formes qu'elle a prescrites.

En vertu des art. 583 et 584 du Code des délits et des peines, ainsi conçus :

» Quiconque a connaissance qu'un individu est dé-
» tenu illégalement dans un lieu, est obligé d'en don-
» ner avis à l'un des agens municipaux. . . . il peut
» aussi faire sa déclaration signée de lui au greffe de
» l'administration municipale.

» Ces officiers, d'après la connaissance qu'ils en ont,
» sont tenus de se transporter aussitôt et de faire mettre
» en liberté la personne détenue, à peine de répondre
» de leur négligence et même d'être poursuivis comme
» complices du crime d'attentat à la liberté individuelle.

Et en vertu de l'art. 77 de la Constitution, portant :

» Pour que l'acte qui ordonne l'arrestation d'une per-
» sonne puisse être exécuté, il faut 1°. qu'il exprime
» formellement les motifs de l'arrestation et la loi en
» exécution de laquelle elle est ordonnée; 2°. qu'il émane
» d'un fonctionnaire à qui la loi ait donné formellement
» ce pouvoir; 3°. qu'il soit notifié à la personne arrêtée.

ARRÊTE:

Le nommé Pierre-Martin Aerts, sera sur-le-champ mis en liberté; le gardien de l'Amigo à ce faire contraint et quoi faisant déchargé. Copie du présent sera adressée au Préfet du département.

Fait à Bruxelles, ce 14 Brumaire an 10.

Pour expédition conforme, ROUPPE.

PRÉFECTURE
de la
DYLE.

N°. III.

Bruxelles, le 21 Frimaire an 10.

LE PRÉFET,

Vu l'ordre du Ministre de la Police générale, en date du 17 Frimaire an 10, parvenu aujourd'hui 21 du même mois à la préfecture, portant, que le citoyen Goffin, négociant de cette ville, sera arrêté sur-le-champ et conduit au château de Ham, département de la Somme.

Ordonne au Commandant de la Gendarmerie de faire arrêter ledit Goffin *sans le moindre délai*, et de le faire conduire au château de Ham; charge le commissaire de police Devits de notifier le présent ordre au commandant, d'en prendre un reçu, d'accompagner la force armée au domicile dudit Goffin, de mettre les scellés sur tous papiers, registres de la maison dudit Goffin, et d'en rendre compte au Préfet dans le plus bref délai.

Pour le Préfet absent,

Le conseiller de Préfecture, signé STERCKX.
Pour copie conforme, DEVITS, *commis. de police.*
Pour ampliation, *le Maire de Bruxelles,*
ROUPPE.

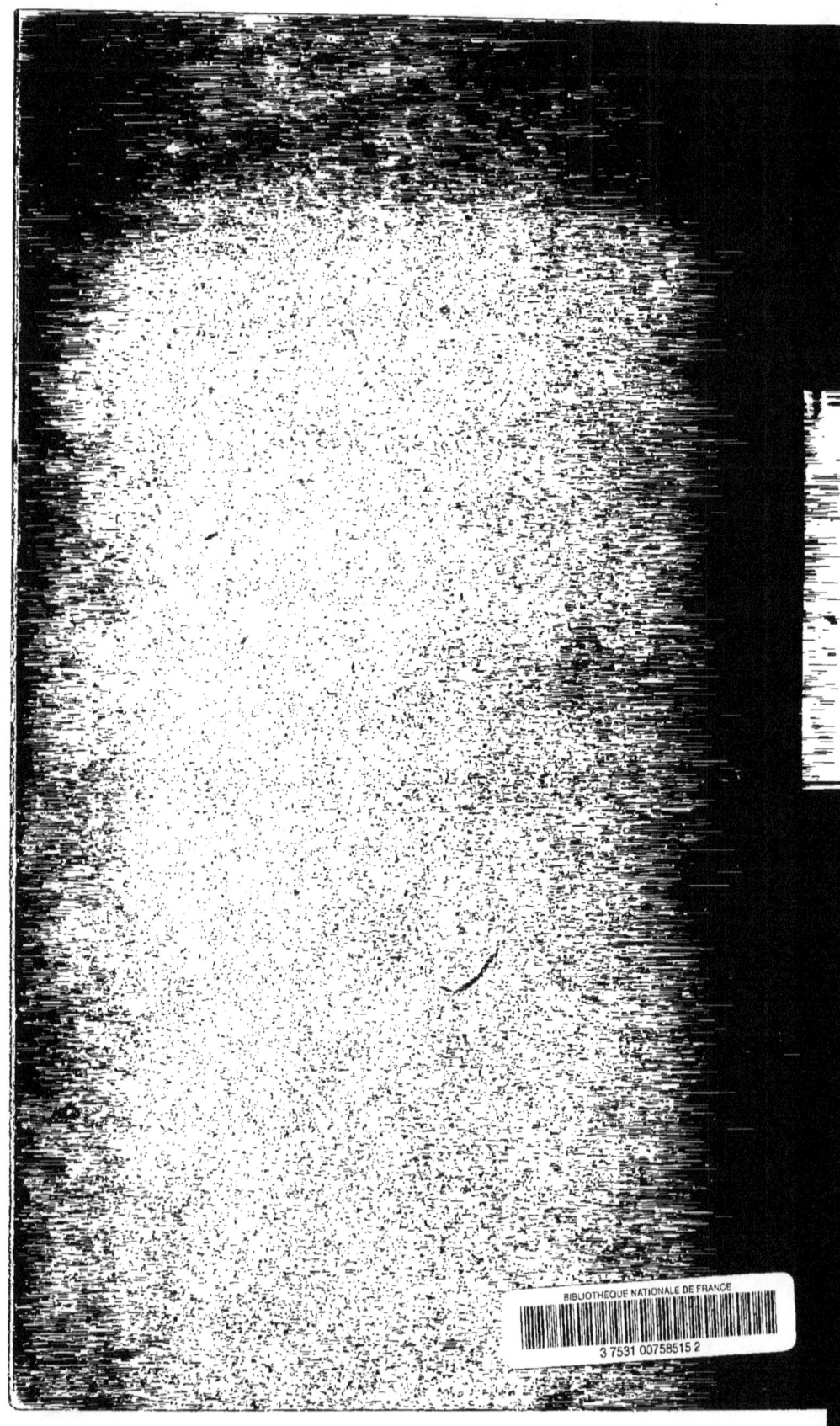

www.ingramcontent.com/pod-product-compliance
Lightning Source LLC
Chambersburg PA
CBHW071435060426

42450CB00009BA/2186